SD, 15/06/05

My dearest Michael,

further food for

thought, —

(for my brilliant man!)

Love you!

Naee

La democracia y el mercado

Jean-Paul Fitoussi

La democracia y el mercado

PAIDÓS
Barcelona • Buenos Aires • México

Título original: *La démocratie et le marché*
Publicado en francés, en 2004, por Bernard Grasset, París

Traducción de Rafael del Hierro

Cubierta de Mario Eskenazi

© 2004 Éditions Grasset & Fasquelle
© 2004 de la traducción, Rafael del Hierro
© 2004 de todas las ediciones en castellano,
   Ediciones Paidós Ibérica, S.A.,
   Mariano Cubí, 92 - 08021 Barcelona
   http://www.paidos.com

ISBN: 84-493-1607-3
Depósito legal: B. 5.129/2004

Impreso en Novagràfik, S.L.
Vivaldi, 5 - 08110 Montcada i Reixac (Barcelona)

Impreso en España - Printed in Spain

SUMARIO

PROLEGÓMENOS

Existe en las viejas democracias occidentales una tendencia al retroceso «pacífico» de la democracia, que proviene de planteamientos diferentes de un lado y otro del Atlántico. En Europa, el mercado está considerado algo demasiado serio para dejarlo bajo la influencia de la política. Aquí, para armonizar las palabras y las cosas, hemos inventado una forma singular de gobierno federal, cuya característica principal consiste en estar eximido de procedimientos de responsabilidad política y, al mismo tiempo, disponer de la facultad para imponer a las sociedades sus opciones económicas.[1] En Estados Unidos, la democracia se ajusta de momento a lo que Edward Wolff, en un estudio reciente,[2] calificó de «vuelta a María Antonieta»: el 50 % del aumento de la riqueza creada en Estados Unidos entre 1983 y 1998 sólo benefició al 1 % de las familias más necesitadas, y el 90 % de esa misma riqueza al 20 % de las familias más favorecidas. Si esa evolución tuviera que continuar de ese modo, la aritmética de los intereses compuestos crearía tal abismo entre las categorías sociales que la marcha del sistema económico se volvería incompatible con un funcionamiento normal de la democracia.

En este contexto de lenta inversión de las prioridades entre libertades políticas y libertades económicas es conveniente apreciar la actual fase de globalización, es decir, la expansión

---

1. Véase Jean-Paul Fitoussi, *La règle et le choix,* «La République des Idées», Le Seuil, 2002. Incluso se podría afirmar que, por una curiosa inversión de las cosas, la «Constitución» de Europa es tal que lo político se confía a instituciones no elegidas y la gestión ordinaria de los asuntos económicos a los gobiernos.

2. Edward Wolff, *Milkeane Institute Review,* tercer trimestre, 2002.

de la esfera del mercado en el interior de cada sociedad y, al mismo tiempo, a escala planetaria. Esta lenta subordinación se refleja en la evolución progresiva de la problemática del crecimiento y del desarrollo económicos. En su origen, la cuestión era la de la elección de las políticas económicas más favorables al incremento de la renta y del nivel de vida. Primero se extendió a las instituciones y terminó afectando a todo el sistema político. En el límite de esta tectónica filosófica se produce un evidente retorno[3] a la cuestión que se planteaba en la década de 1930. «Los dos vicios que marcan el mundo económico en el que vivimos son que el pleno empleo no está garantizado y que el reparto de la fortuna y de la renta es arbitrario y desigual»,[4] escribía Keynes. Puede reconstruirse lo

3. Cabría replicar que la cuestión de las instituciones y del sistema político es legítima en lo que concierne a los países en vías de desarrollo, pero ¿lo sigue siendo realmente si lleva a condicionar la elección de la democracia a un determinado grado de eficacia económica?

4. John Maynard Keynes, *General Theory of Employment, Interest and Money,* Londres, 1936 (trad. cast.: *Teoría general del empleo,* Madrid, Aosta, 1998).

esencial de su interrogante a través de las res-
puestas que proponía: seguridad colectiva de
actividad mediante una política macroeconómica activa y reducción de las desigualdades mediante la política fiscal para sostener la demanda.
¿Qué políticas económicas y sociales, qué reformas del mercado son las más favorables para la
democracia?

Estamos lejos de Keynes. Las crisis que atra-
viesan muchos países emergentes se analizan se-
tenta años más tarde como otras tantas faltas en
la hoja de ruta recomendada a los gobiernos de
estos países para que instalen en ellos una economía de mercado. Hay que decir que la mayoría de las disfunciones de una economía,
aunque esté desarrollada, se analizan del mismo
modo, como consecuencia de una desviación
respecto de lo que pudiera ser un código universal de buena conducta. Así es como a las estructuras sociales europeas, en tanto que muestran un nivel demasiado alto de solidaridad y,
en consecuencia, de redistribución, se las considera responsables de la debilidad del crecimiento y del elevado paro que reinan en Euro-

pa desde hace dos décadas. Este balance no es fortuito. Llama la atención sobre dos hechos sorprendentes en el marco general del análisis que sirve de referencia a la valoración de las políticas económicas.

El primero es que, en gran medida, las políticas económicas se valoran como si fuesen independientes del nivel de desarrollo del país en cuestión. Por ejemplo, sobre la cuestión de la privatización de los medios de producción, ¿cabe juzgar igual si el país está industrializado o en vías de desarrollo, si es maduro o aún está en la infancia?

El segundo, más profundo en tanto que revela algunas contradicciones de nuestro tiempo, es que esas mismas políticas son igualmente independientes del ámbito de la democracia. En otras palabras, la alternancia política en una democracia no debería tener gran efecto sobre la esfera de la economía. En Brasil, en Argentina, en México, pero también en Francia y en Alemania, por considerar sólo algunos ejemplos, el marco de la política económica debería ser independiente de la inspiración doctrinal de los gobiernos, es decir, de las preferencias colectivas expresadas por los electores.

¿Cuáles son las razones de estos hechos sorprendentes, de la implantación cada vez mayor de esta doctrina insensible a los hechos?

En julio de 1998, en el curso de una conversación con Kenneth Arrow, quien concibió la teoría pura de las economías de mercado, le hablé del tema de mis investigaciones. ¿Era el mercado compatible con la democracia? —le pregunté—. ¿No había en las transformaciones en curso un riesgo de retroceso de la democracia? Su respuesta, aunque *a posteriori* me pareció evidente, fue, como siempre, luminosa. El mercado —me dijo— no es compatible, en teoría, con ningún sistema político, con ninguna forma de gobierno, ni con la democracia, ni con la oligarquía, ni con la dictadura. ¿Acaso no enseñamos en la teoría de los mercados perfectos que toda intervención del Estado no puede por menos que reducir la eficacia de la economía? ¡Yo ya conocía la respuesta, porque la había enseñado yo mismo! Pero, hasta mi conversación con Arrow, nunca había captado realmente sus implicaciones políticas. Una cosa es razonar en términos económicos y otra muy distinta hacerlo en términos políticos. La compartimentación de los saberes, la hipótesis implícita que preside todos los debates económicos según la cual la democracia, en tanto que sistema político, es independiente de las políticas económicas que de hecho se ponen en práctica, nos impide con frecuencia percibir las implicaciones de lo que profesamos.

Sin embargo, la conclusión lógica que puede extraerse de ese cambio es que si el mercado no mantiene relaciones con la *res publica,* sólo podría haber formas incompletas e imperfectas de mercado, pues no cabe imaginar un territorio poblado sin gobierno, sin espacio público, como no cabe imaginar un gobierno, como quiera que se llame, cuya única norma de conducta fuese la abstención.

Lo que hace que el mercado se vuelva no sólo indiferente, sino alérgico al gobierno, es que, más allá del cumplimiento de las misiones reales del Estado, la función de gobernar interfiere por naturaleza con los mecanismos del mercado: la oferta pública de bienes y de servicios reduce su perímetro; el sistema de imposición, más o menos redistributivo, afecta al sistema de los precios relativos, con la doble consecuencia de que reduce la optimización de las prestaciones y distorsiona los reclamos que se envían como señales a los agentes. Por ejemplo, algunas oportunidades de beneficio desaparecerán si las telecomunicaciones se mantienen en la esfera pública. O, también, una progresividad demasiado fuerte del sistema de imposición desanimará la oferta de trabajo de los más «productivos». El discurso dominante de los defensores del mercado es antiestatal precisamente por esas razones: el gobierno es un mal necesario, por lo que hay que limitar su imperio de manera radical. El número de funcionarios siempre se considera demasiado elevado; los impuestos y el sistema de protección social, siempre demasiado generoso; las regulaciones, demasiado puntillosas. Sin embargo, una buena parte de la *intelligentsia* en todos los países del mundo mantiene estas discusiones de café. Incluso llegan a publicarse. Por ingenuas que puedan parecer, no dejan de reflejar el antagonismo fundamental entre mercado y gobierno. El mercado es el lugar de la esfera particular; el gobierno, el de la esfera pública, y la doctrina implícita, pero dominante, es la de la exclusión: toda extensión de la esfera pública reduce de manera cuantitativa el alcance de la esfera particular; toda regulación decidida por el legislador disminuye la eficacia del mercado. Cuanto menos gobierne el gobierno, mejor le irá al mercado.

Otra manera de entender las cosas consiste en subrayar que el mercado sólo requiere, para funcionar, individuos atomizados, electrones libres, y que cualquier intromisión del colectivo sólo puede conducir a una ineficaz asignación de sus recursos. Como escribe Pierre Rosanvallon: «La teoría del cambio [...] hace posible, además, el tratamiento simultáneo y coherente del doble problema de la institución y de la regulación de lo social: la necesidad y el interés rigen las relaciones entre los hombres. La formación de esta representación de la sociedad como mercado halla su pleno desarrollo en la escuela escocesa del siglo XVIII y, muy en particular, en Smith. La principal consecuencia de una concepción semejante radica en que ésta se traduce en una negación global de política. Ya no es la política, el derecho y el conflicto quienes deben gobernar la sociedad, sino el mercado. Desde ese punto de vista, Adam Smith no es tanto el padre fundador de la economía política cuanto el teórico de la decadencia de la política».[5]

Sin duda, nadie se atreve a llevar este antagonismo hasta sus últimas consecuencias y a sostener que una nación pudiera prescindir de gobierno. Son numerosas las razones por las cuales la política es indispensable, incluso para los partidarios más empedernidos de la ideología «liberal». Un mercado no puede funcionar sin la seguridad jurídica de las transacciones, por ejemplo. Pero la cuestión de saber cuál es el sistema político más favorable a la eficacia económica la plantean abiertamente numerosos economistas, y no de los menores.

5. Pierre Rosanvallon, *Le libéralisme économique*, Le Seuil, 1979, pág. 3.

Este ensayo tratará de esclarecer ese interrogante. El primer apartado está consagrado al estudio del sistema político «óptimo para el mercado». La respuesta que proponemos es que bien pudiera tratarse de la democracia, debido al incremento de bienestar que proporciona a los agentes económicos. El segundo pretende profundizar en las razones que hacen que esto sea así: el mercado y la democracia se muestran, contrariamente al pensamiento mayoritario, como complementarios antes que incompatibles, dado que el sistema económico proporciona un incremento de adhesión al sistema político, y la democracia, al reducir la incertidumbre económica, hace que los resultados de la economía de mercado sean asumibles. El tercero muestra, acto seguido, que, en virtud del afianzamiento forzosamente local de la democracia (antropológico, cultural, social, etc.), las formas institucionales que adquiere la «democracia de mercado» no pueden por menos que ser variadas, sin que esa pluralidad de formas afecte a la eficacia económica. En otras palabras, no existe un modelo democrático universal. El último, finalmente, se consagra al problema de las relaciones entre democracia y globalización. La apertura de las economías aumenta el riesgo de los países a los conflictos externos y, por tanto, a la incertidumbre económica; para ser eficaz, requiere ir acompañada de un crecimiento de los gastos públicos y de los seguros sociales, al mismo tiempo que de un comportamiento activo de las políticas económicas. En esa hipótesis, y sólo en el caso de los países emergentes, la globalización produce lo mejor, no lo peor. Dicho de otro modo, a imagen del sistema de equilibrio por contrapeso ingeniosamente elaborado por Montesquieu, la extensión de la esfera del mercado y la del ámbito de la democracia se refuerzan mutuamente al limitarse una a la otra.

SOBRE EL RÉGIMEN POLÍTICO «ÓPTIMO» PARA EL MERCADO

Hoy no se puede afirmar que la ciencia económica haya resuelto el misterio del crecimiento y del desarrollo. Quizá por eso los economistas se interesan tanto por la cuestión de las «buenas» instituciones y por la del «mejor» régimen político. Hay que reconocer que se trata de una cuestión antigua y que la opinión de los principales autores sobre la compatibilidad de la democracia y del mercado ha cambiado. «La combinación de democracia y capitalismo —escribía Marx— es una forma intrínsecamente inestable de organización de la sociedad, más la forma política de la revolución de la sociedad burguesa que su forma de vida normal.» Schumpeter no dista mucho de pensar lo mismo, aunque por otras razones: «El capitalismo, si permanece estable económicamente, e incluso si mejora en estabilidad, crea, al racionalizar el espíritu humano, una mentalidad y un estilo de vida incompatibles con sus propias condiciones fundamentales, con sus motivaciones profundas y con las instituciones sociales necesarias para su supervivencia. Se transformará —no por necesidad económica, y al precio, según toda probabilidad, de algunos sacrificios en términos de prosperidad y de bienestar— en una entidad diferente que se podrá llamar socialismo o no, según que nos guste y aceptemos esa terminología».[1] Es la propia dinámica democrática la que llevaría a este resultado conforme a las intervenciones del Estado y de las críticas del mundo intelectual. Pero Schumpeter no comparte con Hayek[2] una visión autocrática

---

1. «The instability of capitalism», *Economic Journal,* 1928, vol. XXXVIII, pág. 386.

2. Friedrich von Hayek, *La route de la servitude,* PUF, 2002 (trad. cast.: *Camino de servidumbre*, Madrid, Alianza Editorial, 2000).

de la evolución hacia el socialismo, puesto que el nuevo régimen económico le parece compatible con la democracia.

A partir de estas inquietudes básicas se desarrolló una larga tradición de trabajos teóricos, sobre todo de trabajos empíricos, sobre la cuestión de las relaciones entre democracia y crecimiento.[3]

Resulta útil explorar hasta dónde nos puede llevar la cuestión del régimen político óptimo para el mercado. La premisa que la suscita, al ser el mercado el mejor de los sistemas, es que el régimen político debe estar subordinado a él.

Si bien las «teorías» sobre la relación entre democracia y crecimiento son numerosas, sus conclusiones son contradictorias. Es muy complejo, en efecto, esquematizar el funcionamiento de la democracia, al ser un proceso que varía en el tiempo y en el espacio y cuya diversidad de formas resulta considerable. Volveremos sobre ello. Por esa razón, casi siempre las investi-

3. Véase, por ejemplo, Amiya Kumar Bagchi (comp.), *Democracy and Development,* Macmillan, 1995.

gaciones remiten a los «hechos» (es decir, a estudios empíricos más o menos sólidos) para zanjar el debate.

Los presupuestos que más ampliamente se comparten en la literatura[4] son, por un lado, que la democracia sólo se arraiga y sobrevive en los países que ya han alcanzado un elevado nivel de desarrollo y de formación[5] y, por otro, que la democracia, una vez instalada, tiene un coste en términos de perspectivas de crecimiento futuro. Éstas son, conviene subrayarlo, ideas comúnmente admitidas por las organizaciones internacionales, y que no carecen de consecuencias sobre las políticas que se implantan de hecho en los países en vías de desarrollo.

Pero también hay que subrayar que la base empírica de estos presupuestos es frágil y que, por el contrario, es posible concluir, utilizando los mismos datos estadísticos, que la democra-

4. Véase, por ejemplo, John Helliwell, «Empirical linkages between democracy and economic growth», *NBER Working Paper*, nº 4.066, mayo de 1992.

5. Véase para una «demostración» teórica de la proposición: Adam Przeworski, «Democracy as an equilibrium», Mimeo, 25 de octubre de 2001.

cia es un régimen más eficaz en todos los estadios de desarrollo. Para ilustrar mi planteamiento, me apoyaré en los trabajos de Robert Barro y de Dani Rodrik, que me parece que son los que mejor representan ambas tesis.

LA DEMOCRACIA COMO BIEN DE LUJO

Robert Barro, para quien no hay nada «sagrado», se pregunta: «Un incremento de las libertades políticas, ¿estimularía las libertades económicas —en especial, los derechos de propiedad y la libertad de los mercados— y, por tanto, el crecimiento económico?».[6] Su respuesta ante todo quiere ser rigurosa y «objetiva», en la medida en que decide remitirse a los «hechos» para zanjar el debate. A los «hechos», es decir, a un estudio empírico de la relación entre la tasa de crecimiento y un indicador del grado de democracia, que varía entre 0 y 1 según los

6. Robert Barro, «Determinants of economic growth: a cross-country empirical study», *NBER Working Paper,* nº 5.698, agosto de 1996.

países. Su campo de observación es el conjunto de los países del planeta, para los que se calcula ese índice (una centena) durante el período 1960-1990. El indicador es igual a 0 allí donde no hay ninguna libertad política, y a 1 donde las libertades políticas son «máximas».

«El análisis cuantitativo indica que el efecto global [de un aumento de democracia sobre el crecimiento] es ligeramente negativo [...]. Existen indicios de una relación no lineal en la cual una mayor democracia aumenta el crecimiento cuando las libertades políticas son débiles, pero disminuye el crecimiento cuando se ha alcanzado un nivel moderado de libertad política.» A pesar de la falta de relevancia estadística de sus resultados, el autor extrae de ellos un buen número de importantes conclusiones. Como lo esencial para la eficacia económica es que los mercados sean libres y los derechos de propiedad estén garantizados, el régimen político ideal es aquel que permite alcanzar mejor estos objetivos. A este respecto, la democracia cuenta con serios inconvenientes: la tendencia del voto mayoritario a mantener programas sociales que redistribuyan las rentas de los ricos entre los pobres, y el poder político de los grupos de presión, que les permite obtener ventajas que son otras tantas distorsiones económicas. Por el contrario, «nada impide en principio a los gobiernos no democráticos mantener las libertades económicas y la propiedad privada. Un dictador no está obligado a comprometerse en una planificación central. Ejemplos recientes de autocracias que aumentaron las libertades económicas incluyen al gobierno Pinochet en Chile, a la administración Fujimori en Perú [...].» Por supuesto, algunos dictadores pueden jugar otro juego y revelarse como depredadores; de ahí que el desarrollo de las libertades políticas, cuando éstas no existen, pueda ser favorable al crecimiento. Permite, hasta cierto punto, controlar el poder del dictador, impidiéndole servir demasiado a su fortuna personal. Pero, más allá de este nivel, que corresponde aproximadamente al alcanzado por México y Taiwan (en 1995) —esto es, 0,50 en la escala de la democracia—, el desarrollo de las libertades políticas no es favorable al crecimiento.

¿Por qué, entonces, en los países ricos donde el indicador del grado de democracia es máximo (igual a 1) no se cambia un poco menos de democracia por un poco más de eficacia económica? (¿No es esto, en el fondo, lo que está en juego hoy cuando se intenta rebajar el sistema de protección social en Europa, que se entrega a las alegrías de la competencia fiscal?) La hipótesis de Barro es que la libertad política debe considerarse un bien de lujo: «Los espacios ricos consumen más democracia porque ese bien es deseable por sí mismo, aun cuando el incremento de las libertades políticas pueda tener algún efecto desfavorable sobre el crecimiento. En esencia, los países ricos tienen los medios para pagarse una reducción del nivel de progreso económico».

Hay que agradecer a Robert Barro, uno de los economistas más respetados en el ámbito universitario, que expusiera con tanta claridad y franqueza las implicaciones políticas y sociales de lo que considera que es la eficacia económica. Retengamos por el momento que la tesis de Barro ilustra en cierto modo la conclusión de Kenneth Arrow. El mercado es incompatible con toda forma de gobierno. Pero como es imposible imaginar una sociedad humana sin espacio público, la única solución de esta paradoja reside en subordinar la forma de gobierno a las «exigencias» del mercado. El mercado funciona de forma óptima cuando las «libertades económicas» están aseguradas y el derecho de propiedad garantizado. Su eficacia se reduce cuando se intenta satisfacer la demanda social de redistribución. La mejor forma de gobierno es, desde ese momento, la que asegura un nivel de libertades políticas suficiente para impedir que el gobierno se apropie del bien de los agentes, reduciendo sus libertades económicas, pero insuficiente para permitir la expresión de una demanda social. Ahora bien, la ley de la mayoría conduce necesariamente a la aparición de preocupaciones sociales. La dictadura ilustrada, en el sentido de que reprime la demanda social, es así la forma de gobierno que mejor se adapta a la economía de mercado y, por lo tanto, la más deseable para las economías emergentes. Lo esencial es que el mercado sea libre: poco importa que los individuos no lo sean.

Pero conforme van enriqueciéndose, las sociedades desean acceder a una mayor libertad política, de lo que resulta un reblandecimiento del dictador, hasta el punto de que se instala la democracia y, en parte, se sacrifica la eficacia económica. La redistribución de las rentas y las riquezas, los programas sociales y otras intervenciones públicas realizadas bajo la presión del voto mayoritario, suscitan algunas distorsiones en el mercado y reducen los estímulos para producir, trabajar o consumir.

Este discurso sería, para Barro, una mera inferencia del estudio objetivo de los «hechos». Pero cuando se sabe lo frágil que es todo estudio empírico —en especial los que se refieren a variables esencialmente cualitativas—, sólo cabe sorprenderse de que éste conduzca a conclusiones tan tajantes.

Los economistas acostumbran a razonar tomando como premisa las preferencias de los individuos. Es decir, que se prohíben emitir un juicio sobre la jerarquía de esas referencias. ¿De dónde extraen que los habitantes de los países que tienen un régimen autoritario consideran la libertad política un bien de lujo, puesto que la ausencia de democracia, por definición, les impide expresar sus preferencias? Si muchos países ricos viven en democracia, ¿cómo pronunciarse con certeza sobre el sentido de la causalidad a partir de una relación irrelevante desde el punto de vista estadístico, y teóricamente discutible? En el fondo, desde la perspectiva del régimen político, hay muy poca diferencia entre algunos liberales y los marxistas. La mejor forma de régimen político, en el proceso de la transición hacia la abundancia, es la dictadura. Ciertamente, el dictador no se ve realizando las mismas tareas en ambos sistemas, pero el primado de la búsqueda de la eficacia económica conduce en ambos casos a la misma conclusión política.

Hay un segundo aspecto en la tesis de Barro que merece ser examinado, según el cual el nivel de desarrollo económico afecta a la tendencia de los países a buscar la democracia, o a mantenerla si ya existe. Es otra manera de decir que la libertad política es un bien de lujo. En general, no existe de hecho una sincronía perfecta entre nivel de desarrollo y el grado de democracia. A partir de aquí Barro extrae la conclusión de que la diferencia entre ambos es un buen indicador de la evolución de las libertades políticas. En los países donde éstas van por delante del desarrollo, podemos prever una regresión de la democracia, y a la inversa. Si, por ejemplo, los países africanos han experimentado desde la década de 1960 una reducción de las libertades políticas, ello se debe a que la democracia había sido implantada allí demasiado pronto, en un momento en el que su nivel de pobreza no les permitía consumir esos bienes de lujo. Barro se entrega, además, a partir de la previsión de su relación empírica, a una proyección cuantificada del grado de democracia en el año 2000. De ahí resulta, por ejemplo, que Hong Kong, Argelia, Siria, Perú o Sudán gozarían en esa fecha de un índice más elevado de libertades políticas; mientras que Hungría, Benín, Pakistán, la isla Mauricio y Sudáfrica experimentarían un declive de la democracia. «La conclusión más general —nos dice Barro— es que los países avanzados de Occidente contribuirían más al bienestar de las naciones pobres exportando su sistema económico, particularmente los derechos de propiedad y los mercados libres, antes que su sistema político [...]»

Las previsiones de Robert Barro, afortunadamente, no han sido confirmadas por los hechos. Por añadidura, su conclusión está lejos de ser evidente. Para que lo fuera, habría que distinguir tres cuestiones:

1. ¿Qué circunstancias dan origen a la democracia en un momento dado de la historia de un país?[7]

2. Una vez que la democracia ha sido implantada, ¿qué razones explican su persistencia o, por el contrario, su retroceso?

3. Y, por último, ¿es favorable la democracia al crecimiento, a la elevación de los niveles de vida?

---

7. Pocos economistas, y por buenas razones, han tratado de responder a esta cuestión, que está fuera del ámbito de este ensayo.

Apoyándose en una respuesta incierta a la tercera pregunta, Barro —como muchos otros autores, por otra parte— deduce no sólo que la democracia tiene menos ocasiones de persistir cuanto más débil sea el nivel de desarrollo del país,[8] sino también que resulta más eficaz que suceda así para el bienestar de las naciones pobres.

LA EFICACIA ECONÓMICA DE LA DEMOCRACIA

El punto débil de la argumentación precedente es que la relación entre democracia y crecimiento —el muy ligero efecto negativo que tendría un aumento de las libertades políticas sobre los resultados económicos— no es estadísticamente significativa. Lo que resulta sólido, más que la relación misma, es justo esa ausencia

8. El punto de partida de la «teoría» de Adam Przeworski («Democracy as an equilibrium», *op. cit.*) es similar: «La probabilidad de que la democracia sobreviva crece de manera uniforme con la renta». ¡El autor constata que no se ha hundido ninguna democracia con una renta *per cápita* por encima de 6.055 dólares, mientras que la esperanza de vida de una democracia por debajo de 1.000 dólares de renta *per cápita* es aproximadamente de seis años!

de significatividad, como demostró Helliwell (1992) antes de Barro y, sobre todo, Rodrik (1997),[9] después de ellos.

Esto nos lleva a la conclusión decepcionante (para los demócratas) según la cual la naturaleza del régimen político carecería de efecto sobre el crecimiento económico. Pero eso ya es un progreso, si la democracia tiene un valor en sí mismo, dado que no podría invocarse ningún argumento de tipo económico en contra de su elección como régimen político.

Permanece, sin embargo, el primer presupuesto, a saber, que la democracia exige, para instalarse, un cierto nivel de desarrollo. Y los resultados empíricos parecen sobre este particular mucho más sólidos. Existe, en efecto, una relación directa, estadísticamente significativa, entre la renta *per cápita* y el nivel de los derechos y de las libertades políticas.[10] Esta relación

9. «Democracy and economic performance», Mimos, Harvard University, diciembre de 1997.

10. Véanse Seymour Lipset, «Some social requisites of democracy: economic development and political legitimacy», *American Political Sciences Review* 53, 1959, págs. 69-105, y John Helliwell, *op. cit.* (1992).

puede interpretarse como una prueba de que las primeras fases del desarrollo exigen un gobierno autoritario, por un lado, para evitar la violencia civil y, por otro, para poner en marcha las reformas necesarias. Se trata, además, de una interpretación mayoritaria desde el punto de vista político, que se funda en la observación de un determinado número de experiencias logradas de desarrollo, particularmente en Asia. Pero los «hechos» no permiten confirmarla. La relación sólo es una correlación que describe un estado del mundo —una transformación históricamente fechada— en el que se da la circunstancia de que los países de nivel de renta relativamente elevado gozan de mayores libertades políticas. En ningún caso permite inferir que los países habrían de desarrollarse más lentamente si de repente hubiesen experimentado un régimen democrático.

La cuestión del régimen político más favorable al desarrollo sigue, pues, intacta. Aunque aparentemente no haya relación empírica entre crecimiento y régimen político, puede que la democracia, para obtener una misma tasa de crecimiento de larga duración, permita elevar el nivel de bienestar de los habitantes de un país. Ahora bien, hay fuertes indicios empíricos y teóricos de que esto sea así.

En un artículo notable, Dani Rodrik (1997) mostró que era posible probar de manera empírica que la democracia poseía al menos cuatro ventajas sobre los regímenes autoritarios: la variabilidad del crecimiento a largo plazo era más débil; la estabilidad de los resultados macroeconómicos a corto y medio plazo era mayor; los conflictos exógenos se controlaban mejor y el nivel de los salarios (y de la parte de los salarios en la renta nacional) era más elevado.[11] El autor extrae de ello la conclusión de que «un individuo contrario al riesgo, no dotado de un capital importante [...] estaba en una situación considerablemente mejor si vivía en una democracia». Estos resultados son empíricos y las razones fundamentales que conducen hasta ellos

11. Estas conclusiones se establecen de forma empírica a partir de una muestra de aproximadamente noventa países a lo largo del período 1960-1989.

son simples conjeturas. Las invocadas por Dani Rodrik parecen convincentes porque se adaptan a la intuición racional: «En primer lugar, en el contexto democrático, el abanico de las políticas económicas factibles está limitado en mayor medida por las preferencias del elector medio. Esto es menos susceptible de producir resultados extremos. Las formas institucionalizadas de participación política autorizan mayores posibilidades de expresión, sin que sea necesario recurrir al conflicto y a las luchas civiles. Por último, es más difícil para las democracias excluir a los perdedores de la competición política de los procesos de retribuciones económicas. Así, los grupos sociales son menos propensos a adoptar comportamientos no cooperativos y perturbadores *ex ante*».

Esta superioridad de la democracia en términos de bienestar es evidente, pero debería conducir, a la larga, a mejores resultados en términos de crecimiento. Si creemos a Dani Rodrik —y su argumentación es convincente—, una mayor cooperación entre clases sociales y una menor conflictividad de la sociedad deberían traducirse (en dinero contante y sonante) en una mayor eficacia económica.

¿Por qué, entonces, los estudios empíricos no distinguen estos efectos? Quizá sea, como ha intentado mostrar hace poco Peter Lindert,[12] que esos estudios utilizaron una definición demasiado estrecha de la democracia, sin preocuparse de la fracción de la población adulta que, formal o efectivamente, tenía acceso al voto. Ahora bien, la historia, al igual que la geografía de la democracia, lleva a distinguir entre una «democracia de las élites», en la que el derecho de voto está condicionado a determinados criterios (propiedad, castas, etc.), y la democracia tal como la entendemos hoy, donde el sufragio es «sustancialmente» universal.[13] Por ejemplo, «la democracia más grande del mundo», la India, pertenece más bien a la primera categoría, sobre todo en virtud de su sistema de castas, a pesar de las reglas formales de voto. Ahora bien,

___

12. Peter H. Lindert, «Voice and growth: was Churchill right?», *NBER Working Paper,* n° 9.749, junio de 2003.

13. Véase también Pierre Rosanvallon, *La démocratie inachevée: histoire de la souveraineté du peuple en France,* Gallimard, 2000.

resulta que la democracia de las élites siempre es menos favorable a la enseñanza primaria para todos que la democracia como tal. Como también resulta que el acceso a una enseñanza primaria de calidad para todos los niños es un factor importante de crecimiento.[14] El derecho de propiedad y las libertades económicas son con certeza elementos clave del desarrollo económico, por lo que su garantía permite la acumulación del capital. Pero el papel del «capital» humano crece en importancia conforme crece el desarrollo. Ahora bien, en un régimen democrático, la presión popular en favor de la educación puede ejercerse libremente, lo que conduce, por esta sola razón, a una mayor eficacia de las democracias de mercado. Una predicción racional es que los futuros estudios sobre las relaciones entre régimen político y crecimiento económico, en la medida en que distinguirán mejor entre autocracia («democracia de las éli-

14. Estas dos afirmaciones están en especial bien documentadas empíricamente por Peter Lindert, *op. cit.* De manera más general, el efecto positivo de la enseñanza primaria sobre el crecimiento es una conclusión de todos los estudios empíricos sobre el tema.

tes») y democracia, permitirán obtener resultados más sólidos.

Pero creo que hay al menos otra justificación a favor de la democracia, mucho más general, que es inmanente al funcionamiento mismo de los regímenes políticos. La democracia es una forma «flexible» de gobierno, por lo que la presión de los electores la obliga a adaptarse a las circunstancias. Por tomar el ejemplo menos caricaturesco de autocracia, un «dictador benévolo» actúa según una doctrina que considera buena y que puede llevar a la práctica. Si esta doctrina no produce los resultados apetecidos, nada le obliga a cambiar de política. Siempre podrá alegar que la doctrina no ha sido aplicada convenientemente o que sus efectos benéficos sólo aparecerán en un plazo mucho más largo. Si creemos a Joseph Stiglitz,[15] ésta sería una creencia demasiado férrea de las instituciones financieras internacionales en la denominada doctrina del «consenso de Washington», que sería responsable de las crisis que conocieron (y todavía conocen) muchos países en vías

15. *La grande désillusion*, Fayard, 2002.

de desarrollo. Semejante rigidez es poco probable en un régimen democrático, en el que los gobiernos están obligados a cambiar de política bajo la amenaza de perder las elecciones. Así, la democracia, más allá de su condición intrínsecamente deseable, permite una mejor adaptación a las circunstancias, una mayor flexibilidad. Proviene de elecciones explícitas esclarecidas por el debate y la persuasión, que tienen por resultado tanto cuestionar lo que parece adquirido como confirmarlo. Una cierta dosis de discreción democrática resulta indispensable para el tratamiento de lo imprevisto, que no se deja aprehender con facilidad por doctrinas preestablecidas.[16]

La democracia, por estas razones, es una forma pragmática de gobierno de los pueblos. Al reducir la volatilidad de los resultados económicos y, en especial, al dominar mejor los conflictos negativos, evita que las transformaciones económicas tengan consecuencias irreversibles sobre el destino de los sectores menos favorecidos de la población.

16. Véase Jean-Paul Fitoussi, *La règle et le choix, op. cit.*

Después de todo, estos razonamientos no hacen más que recuperar dos de las conclusiones más notables de los trabajos de Amartya Sen.[17] La primera es que, a igualdad de recursos y de condiciones de la producción agrícola, en las democracias no hay escasez de alimentos. El autor atribuye este resultado a la existencia de una prensa libre, esto es, de una información pública sobre la situación alimentaria del país, así como a la existencia de un debate público parlamentario que obliga a actuar al gobierno, características ambas que están ausentes en un régimen autocrático. La segunda es que el bienestar de la población en los países en vías de desarrollo depende más de la duración y de la amplitud de las fases de ralentización o de recesión que de la tasa media de crecimiento económico a largo plazo. Esta conclusión es intuitivamente evidente. En países donde el sistema de protección social está todavía poco desarrollado, una recesión arroja a la pobreza y a la desnutrición a

17. Amartya Sen, *Un nouveau modèle économique: développement, justice, liberté,* Odile Jacob, 2000 (trad. cast.: *Bienestar, justicia y mercado,* Barcelona, Paidós, 1997).

una fracción de la población que puede ser importante. La menor volatilidad de los resultados económicos de los países democráticos constituye de ese modo una ventaja considerable para el bienestar de las poblaciones.

En el fondo, los estudios empíricos y los supuestos sobre los que se fundan muestran que hay dos tesis enfrentadas en el debate sobre las relaciones entre mercado y democracia. Según la primera, hoy dominante, la extensión de la esfera del mercado comportaría una limitación del ámbito de la democracia. Esta limitación es posible en los países ricos sin necesidad de que cambie el régimen político. El ejemplo de la Unión Europea lo demuestra. La razón es que estos Estados miembros se caracterizan por tener un elevado nivel de protección social, por lo que una cura de adelgazamiento del Estado providencia parece posible sin gran trastorno.[18] Pero en los países en desarrollo, caracterizados

18. Que sea eficaz es otra cuestión. Puede dudarse de ello, dado que hasta ahora no ha sido posible probar que los países en los que el esfuerzo de redistribución era más elevado hayan tenido dificultades en materia de crecimiento.

por una tasa elevada de pobreza y un sistema embrionario de protección social, la presión redistributiva del régimen democrático sería demasiado fuerte, hasta el punto de reducir la eficacia del sistema económico y de retrasar su desarrollo. En estos países, un déspota ilustrado alcanzaría el mejor compromiso entre libertades políticas y crecimiento.

La segunda concepción que quiero desarrollar ahora es, por el contrario, la de una complementariedad entre economía de mercado y democracia, que se refuerzan mutuamente.

LA TESIS DE LA COMPLEMENTARIEDAD ENTRE EL MERCADO Y LA DEMOCRACIA

Hoy se piensa que el capitalismo ha vencido al socialismo. Quizá sea cierto: la historia lo dirá. Pero de ningún modo se puede afirmar que haya vencido a la pulsión democrática, es decir, a la búsqueda incesante de formas superiores de contrato social.

Si el capitalismo, al excluir a la política, se volviera totalitario, también él correría el riesgo de hundirse. En ningún otro período de nuestra historia —con la excepción totalmente pasajera de la década de 1930— las disfunciones de la economía mundial fueron tan graves como hoy: desempleo masivo, enorme crecimiento de las desigualdades y de la pobreza en los países ricos; miseria insostenible y crisis recurrentes en numerosos países en vías de desarrollo, y profundización de las desigualdades de renta *per cápita* entre países. Esto no puede dejar indiferente a la democracia. Tampoco debemos olvidar que el sistema económico siempre está mediatizado por el régimen político y que, en este sentido, sólo pueden darse *vías «impuras»*. Vivimos en *democracias de mercado* antes que en economías de mercado. En esta caracterización del sistema que nos gobierna, cada palabra es importante porque cada cual define un principio de organización diferente. Por un lado, el mercado regido por el principio del sufragio restringido, en el que la apropiación de los bienes es proporcional a los recursos de cada cual: un euro, un voto. Y, por otro, la democracia regida por el sufragio universal: una mujer, un hombre, un voto. Esta contradicción ya había sido percibida desde el origen de la teoría política en la antigua Grecia. Nuestro sistema procede así de una tensión entre dos principios —el individualismo y la desigualdad, por una parte; el espacio público y la igualdad, por la otra—, lo que obliga a la búsqueda permanente de un punto intermedio, de un compromiso.

«De ahí vienen dos mecanismos en función de los cuales los recursos pueden ser asignados a determinadas gestiones y distribuidos entre las familias: el mercado y los Estados [...]. También la asignación de los recursos que privilegian a los individuos en tanto que ciudadanos no coincide, por regla general, con la que alcanzan a través del mercado. La democracia en la esfera política exacerba esa divergencia al igualar el derecho a influir sobre la asignación de los recursos [...]. Provistos de poder político gracias al sufragio universal, los que sufren a causa de la propiedad privada intentarán utilizar ese poder para expropiar a los ricos; en un lenguaje formal, diremos que, si el elector medio es determinante y si la distribución de las rentas generada por el mercado se inclina hacia abajo, como siempre es el caso, el equilibrio de la mayoría (si es que existe) apelará a una mayor igualdad de las rentas.»[1]

1. Adam Przeworski y Fernando Limongi, «Political regimes and economic growth», en Amiya Kumar Bagchi (comp.), *Democracy and Development,* Macmillan y St. Martin Press, 1995, pág. 5.

Pero también sería posible afirmar que la combinación de estos mecanismos conduce a resultados no tan extremos, a desigualdades de rentas no tan grandes, en beneficio del propio sistema. Esta tensión que se genera entre ambos principios es dinámica, en efecto, porque permite adaptarse al sistema, y no quebrarse, como generalmente sucede con los sistemas regidos por un solo principio de organización (pensemos en el destino del sistema soviético). Únicamente las formas en movimiento pueden sobrevivir. Las demás quedan esclerotizadas. Dicho de otro modo, la tesis según la cual el capitalismo tan sólo sobrevivió como forma dominante de organización económica *gracias a la democracia, más bien que a pesar de ella,* parece intuitivamente mucho más convincente.

Una jerarquía normal de los valores exige entonces que el principio económico esté subordinado a la democracia, y no al revés. Ahora bien, los criterios que en general se utilizan para juzgar la legitimidad de una política o de una reforma son criterios de eficacia económica. Dan

Usher[2] proponía utilizar un criterio alternativo. Tal o cual reforma, ¿es susceptible de reforzar la democracia o, por el contrario, de debilitarla?, ¿de aumentar la adhesión de la población al régimen político o, por el contrario, de reducirla? Hoy parece evidente que se trata del criterio adecuado. ¿Cuál sería el destino de una reforma a la que la gente no se adhiriera? ¿Y en nombre de qué pretendida eficacia se la forzaría a un menor grado de solidaridad que el que desea? La democracia de mercado, en el sentido en que la entiendo, implica así una jerarquía entre el sistema político y el sistema económico, y, en consecuencia, una autonomía de la sociedad a la hora de elegir la organización económica.

Las relaciones entre democracia y mercado son, de ese modo, más complementarias que conflictivas. La democracia, al impedir la exclusión por parte del mercado, aumenta la legitimidad del sistema económico; y el mercado, al limitar la influencia de lo político sobre la vida de la

2. Dan Usher, *The Economic Prerequisites of Democracy*, Columbia University Press, 1981.

gente, permite una mayor adhesión a la democracia. Así, cada uno de los principios que rigen las esferas política y económica encuentra su limitación, a la vez que su legitimación, en el otro principio. Es esta complementariedad la que voy a tratar de ilustrar mostrando los límites de una asignación exclusiva de los recursos —y de un reparto exclusivo de las rentas—, ya sea por el mercado o por la democracia.

ASIGNACIÓN DE LOS RECURSOS Y REPARTO DE LAS RENTAS POR EL MERCADO

La utilización de la teoría económica para fines esencialmente normativos —«no hay otras políticas posibles»— ha sido el lugar común de todos los conservadurismos. Sin embargo, la teoría económica nunca ha dejado de estar sometida a debates fundamentales, a áridas controversias sobre todas sus aplicaciones, a la profunda incertidumbre sobre la distancia que separa lo que se supone que representa y la «realidad» de la que desea dar cuenta. Por lo demás, estos debates y estas incertidumbres son los que hacen progresar la ciencia económica. De ahí que un mismo conocimiento pueda llevar a conclusiones radicalmente diferentes de política económica. «Cuanto más progresa la ciencia, mejor entiende por qué no puede tener fin», escribía Claude Lévi-Strauss. La ciencia económica ofrece el mejor ejemplo de ello. El caso es que la realidad a la que se aplica no sólo es de una extrema complejidad, sino que además se modifica con rapidez. La ciencia económica sólo puede dar de ella, en el mejor de los casos, una representación parcial. Sus construcciones teóricas dejan por fuerza a un lado muchos aspectos de la realidad, pero con conocimiento de causa, al menos para una teoría plausible. Es el olvido de esta particularidad lo que generalmente lleva a una utilización *parcial* de los argumentos económicos en el debate público, lo que equivale a cubrir con un barniz científico determinados argumentos básicamente ideológicos.

La tesis liberal que privilegia el principio del mercado se fundamenta en la teoría pura de las economías de mercado, más conocida con el nombre de teoría pura del equilibrio general de competencia perfecta. Sus resultados son los que se invocan más a menudo en defensa y como ilustración del capitalismo. El resultado más espectacular (también conocido con el nombre de los teoremas del bienestar), y cuyo poder de seducción puede comprenderse, se enuncia así: una economía de mercado regida por las leyes de la competencia pura y perfecta tiende espontáneamente hacia una situación de pleno empleo y de óptima asignación de los recursos (equilibrio general walrasiano), equilibrio que, por añadidura, es un óptimo social (óptimo de Pareto). Se concibe que la economía de mercado, a la vista de estas propiedades, pueda ser considerada el mejor de los sistemas posibles. Las disfunciones observadas en nuestras economías serían entonces la consecuencia de las intervenciones del Estado, que impiden que los mercados funcionen libremente. Convendría, pues, proteger las libertades económicas y el derecho de propiedad frente al poder de la democracia.

Pero una teoría sólo «funciona» en un marco de hipótesis, que en cierto modo delimita la realidad a la que puede aplicarse y, en consecuencia, su campo de validez. Los teóricos del equilibrio general, que forman parte de las mentalidades más grandes de la ciencia económica, y cuya honradez fue escrupulosa, tuvieron un cuidado infinito a la hora de definir esas condiciones de validez. Sus conclusiones, por tanto, son necesariamente relativas, condicionales, nunca absolutas o categóricas. He ahí por qué la teoría pura puede, según la apreciación que se tenga de las circunstancias concretas de su aplicación, ser invocada en defensa de la economía de mercado o, al contrario, en defensa de la intervención estatal. Sus conclusiones no determinan de manera unívoca la naturaleza de la política económica «óptima».

La hipótesis que nos interesa aquí, y cuya importancia es considerable para los países en vías de desarrollo, es la llamada hipótesis de supervivencia. Los teóricos del equilibrio general no han llegado a probar que los resultados favorables, a los que antes me refería, pudieran obtenerse con un nivel salarial que fuese suficiente para asegurar la supervivencia de toda la población. En consecuencia, restringieron lógicamente el dominio de validez de la teoría para que no se aplicase más que en las situaciones en las que cada individuo pudiera sobrevivir, cualquiera que fuese el salario medio del mercado. Para esta finalidad introdujeron una hipótesis suplementaria, llamada de supervivencia, según la cual todos los individuos tienen la supervivencia asegurada, incluso fuera del mercado, es decir, sin intercambios. Dicho más claramente: cada cual podría vivir sin trabajar, bien porque dispone *ab initio* de suficiente riqueza, sea cual sea el sistema de precios en vigor, bien porque existe fuera del mercado un agente que le proporciona los recursos necesarios para sobrevivir.

Pero ¿qué sucedería si la hipótesis de la supervivencia ya no se mantuviera? Recientes investigaciones[3] han mostrado que, en tal caso, el

---

3. Jeffrey Coles y Peter J. Hammond, «Walrasian equilibrium without survival: existence, efficiency and remedial policy», en K. Basu, P. Pattanak y K. Suzumuza (comps.), *Choice, Welfare and Development*, Clarendon Press, 1995.

equilibrio podría implicar la desaparición de una parte de la población. A pesar de esta «pequeña» adaptación, no se reconsideró ninguno de los resultados precedentes. El pleno empleo siempre estaría asegurado... entre los supervivientes, y el equilibrio seguiría siendo un óptimo social. Pero este último concepto no debería ilusionarnos, ya que tiene escaso sentido. Designa una situación en la que ya no es posible aumentar el bienestar de un individuo sin reducir al menos el de otro. La importancia de estos nuevos desarrollos de la teoría del equilibrio general es considerable al probar que la extrema pobreza, la falta de cuidados y la ausencia de supervivencia no son la consecuencia de la disfunción de los mercados, sino que, por el contrario, son compatibles con un funcionamiento perfecto de esos mercados.

Estamos lejos de la ideología. Los teóricos de la economía de mercado, en su búsqueda formal pero exigente de las condiciones de validez de su teoría, llaman la atención sobre una característica esencial de nuestros países, incluidos los más desarrollados: el mercado no asegura de manera espontánea la supervivencia del conjunto de la población. Esta característica es esencial porque relativiza especialmente los méritos de la economía de mercado, abandonada a sí misma. ¿Tiene sentido considerar «óptimo» un sistema económico que podría adaptarse a «la exclusión definitiva» de una parte de la población? Ahora bien, esta particularidad de la economía de mercado se viene subrayando desde hace mucho tiempo, aunque sólo se haya formalizado muy recientemente. El análisis de las hambrunas mostró, por ejemplo, que muchas de ellas fueron consecuencia más de una desigualdad demasiado grande en el reparto de las rentas y las riquezas que de una insuficiencia en la producción de productos alimentarios. En los países más desarrollados, la falta de acceso a la atención sanitaria o a la vivienda puede a largo plazo poner en peligro la supervivencia de una fracción de la población, que hoy ya no es despreciable, aun siendo escasa. Ciertamente, ese peligro puede evaluarse de diferente manera. Algunos tienden sin más a negarlo. Hoy ya no moriríamos de frío o de hambre en los países ricos. En todo caso, si a veces se producen tales accidentes, son más la consecuencia de una falta de información que de una ausencia efectiva de protección. Después de todo, hay numerosas instituciones sociales a las que pueden recurrir los más desfavorecidos. Puede que sí, pero muchas de esas instituciones son puntuales, e intervienen sólo en situaciones urgentes sin poder proporcionar una protección más duradera a las personas que la necesiten. Ahora bien, «las cuestiones de supervivencia —como advierten Coles y Hammond (1995)— son esencialmente dinámicas. La muerte a causa de la desnutrición es gradual y casi siempre indirecta, puesto que la desnutrición incrementa la predisposición a las enfermedades, que entonces parecen atacar al azar».

La teoría económica no ofrece ninguna solución óptima a esta situación, pero indica una vía, a saber, el contenido mismo de «la hipótesis de la supervivencia», la existencia de un sistema fuera del mercado encargado de proporcionar recursos suficientes a los individuos. Ello establece la exigencia de la intervención del Estado, es decir, la introducción de «distorsiones» e «imperfecciones» en el sistema de los mercados.

Es evidente que hay muchas otras razones, incluso en el marco de mercados perfectos, que demuestran la eficacia de la intervención estatal. Por ejemplo, la teoría *y* la búsqueda empírica han mostrado que los rendimientos sociales de la educación y de la cultura siempre eran más elevados que sus rendimientos privados. Cuando un individuo invierte en educación, extrae de ella una ventaja en forma de un empleo más cualificado. Pero la sociedad, en su conjunto, extrae de ella una ventaja suplementaria, ya que la elevación general del nivel educativo permite alcanzar tasas de crecimiento más elevadas. En ausencia de la intervención del Estado —por ejemplo, en forma de subvenciones públicas—, el mercado escogería espontáneamente un nivel de inversión en la educación y la cultura demasiado bajo en relación al que exigiría la eficacia económica. Se puede aplicar un razonamiento similar al ámbito de la salud, de la protección al desempleo, etcétera.[4]

Hasta aquí sólo he reflexionado en el marco más favorable a las tesis liberales —el de los mercados perfectos— para mostrar que, incluso en este marco, había un interés general en salvaguardar activamente el único régimen político del que era responsable. Pero todos sabemos que los mercados concretos sólo se ajustan excepcionalmente a sus modelos de referencia. En caso contrario, asimetrías de poder y de información, fallos de coordinación, etc., constituyen poderosos motivos suplementarios de intervención permanente de los gobiernos.

La asignación de los recursos y el reparto de las rentas por el mercado —sin intervención de la democracia— conducirían de ese modo a una inseguridad económica radical que ninguna sociedad podría tolerar de manera duradera sin

---

4. Generalmente, la intervención del Estado aumenta la eficacia económica cada vez que se produce una exteriorización, sea positiva o negativa, es decir, una consecuencia no intencional y no mediatizada por el mercado en forma de premio sobre otros agentes de una actividad de un agente privado.

reacciones violentas. Esta inseguridad es tanto más grande cuanto que las economías de mercado están sometidas habitualmente a numerosos conflictos y cuanto, por añadidura, la globalización aumenta su frecuencia.[5] Y sus consecuencias son tanto más devastadoras cuanto más vulnerables sean las poblaciones, es decir, que el nivel de desarrollo del país es débil y el sistema de protección social embrionario.

LA ASIGNACIÓN DE LOS RECURSOS Y EL REPARTO DE LAS RENTAS POR LA DEMOCRACIA: LA TRANSMISIÓN DEMOCRÁTICA DE LAS RENTAS, LAS POSICIONES Y LOS EMPLEOS

Situémonos en una hipótesis diametralmente opuesta y supongamos, ahora, que la democracia determina por completo el destino económico de las poblaciones. En un primer momen-

---

5. Por regla general, un conflicto económico negativo exige un ajuste a través de la bajada de los salarios, que puede hacer que una parte no despreciable de la población tenga que vivir por debajo del mínimo de subsistencia.

to, seguiremos el razonamiento de Dan Usher.[6] ¿Qué nos dice? Que «de un modo o de otro toda sociedad debe decidir quién será rico y quién pobre, quién mandará y quién será mandado, quién ocupará los empleos generalmente considerados deseables y los generalmente considerados poco deseables».[7] Llamemos transmisión (*assignment*) a esta función. La hipótesis que consideramos aquí radica en que esa transmisión se decidiría en la esfera política. El ejemplo escogido por Dan Usher es especialmente simple. El pueblo dispone de una renta de 300.000 euros al año y debe decidir democráticamente, es decir, por voto mayoritario, cómo repartirlo entre sus quince habitantes. Ahora bien, un resultado muy conocido de la teoría de los juegos dice que hay una multiplicidad de resultados posibles para ese voto, que todos ellos son inestables, en el sentido de que no pueden perdurar, y que, por tanto, este mecanismo de adjudicación conduce a tal incerti-

---

6. *The Economie Prerequisite to Democracy,* Columbia University Press, 1981.

7. *Ibid.,* Prefacio, pág. VII.

dumbre para los agentes que éstos acabarían de un modo o de otro queriendo cambiar las reglas del juego y, en consecuencia, el régimen político.[8] Cabría pensar, sin embargo, que ese voto llevaría a un resultado simple, un reparto equivalente de la renta entre los habitantes, en el que cada uno recibiría 20.000 euros. Nada impide con todo que una coalición de ocho personas decida apropiarse de la totalidad de la renta, recibiendo entonces cada una casi el doble de esta suma (37.500 euros). Se intuye que esta solución es ilusoria, pues los que no reciben nada tendrán una gran inclinación a corromper a uno de los miembros de la coalición existente para formar una nueva coalición mayoritaria. Ofreciéndole, por ejemplo, el doble de lo que ellos mismos se adjudicarían, dispondrán de una renta positiva, que es mejor que nada. Por esa razón, ninguna coalición es esta-

---

8. Véase, por ejemplo, Gordon Tullock, «Problems of majority voting», *The Journal of Political Economy,* 1959, págs. 571-579; y James M. Buchanan y Gordon Tullock, *The Calculus of Consent: Legal Foundations of Constitutional Democracy,* University of Michigan Press, 1962 (trad. cast.: *El cálculo del consenso*, Barcelona, Planeta, 1993).

ble, al tener los siete excluidos una gran inclinación a corromper a alguno de los otros ocho para formar una nueva mayoría.

Por supuesto, los miembros de la mayoría, instruidos por la experiencia, pueden comprender que su interés está en negar cualquier oferta hecha por la minoría. Entonces repartirían entre ellos de manera equitativa la totalidad de la renta antes que exponerse a la inestabilidad. Un reparto desigual, en efecto, crea una inclinación demasiado fuerte a desembarazarse del miembro más rico, reemplazándole por un elector de la minoría. Sin embargo, una estabilidad semejante resulta ilusoria, ya que los electores minoritarios, en tanto que no obtienen nada, no pueden aceptar resignadamente los resultados del voto. A la larga, la inseguridad que de ello resulta puede llevar a la mayoría a ser menos despiadada con la minoría, otorgándole una parte que, aun siendo escasa, le permita sobrevivir. La magnitud de esa parte es indeterminada, pues depende no tanto de la democracia como de la capacidad de la minoría para hacer daño. Lo que al principio debía ser un reparto democrá tico de la renta, se convierte *in fine* en un reparto fundado, al menos en parte, sobre la violencia.

Notemos también, como subraya Dan Usher, que el mecanismo del voto mueve a la diferenciación de la sociedad según criterios absurdos. Aunque cada cual esté convencido de que un reparto igualitario sería óptimo (cada uno de los quince habitantes recibiría 20.000 euros), puede temer que los demás traten de coaligarse, lo que le llevará a hacerlo él mismo para protegerse. Las coaliciones tienen necesidad de un estandarte, y eso es lo que dará importancia a algunas características que carecen de toda relevancia política, pero que la adquirirán porque son signos de reconocimiento: el barrio de residencia, la religión, el color de la piel, el deporte que se practica, el país de origen, etc.

En el sencillo ejemplo que hemos considerado, resulta claro que la transmisión política de las rentas es incompatible con la democracia. «Siempre llegará un momento en el que una mayoría, cansada de las incertidumbres inherentes a este sistema de reparto, decidirá cam-

biar de sistema político con el fin de eliminar-
las.»[9] En efecto, pocos se adherirían a la democracia si su destino dependiera por completo
del resultado de cada voto. Confiar la transmisión de las riquezas y de los empleos exclusiva-
mente a la democracia sólo puede conducir a
una situación inestable que, a la larga, cuestio-
naría la existencia misma de la democracia.

Este resultado es cualitativamente análogo al
contemplado en el capítulo anterior. La democracia sólo puede subsistir como régimen político
si limita su influencia sobre la transmisión de las
rentas, las riquezas y los empleos. Al invertir los
términos de la cuestión, al hacer de la democracia, más que de la eficacia, un fin en sí mismo,
sale a la luz una aparente paradoja: la limitación
de las opciones democráticas por el imperio
absoluto de la democracia. Ésa es, sin embargo,
la esencia de la democracia: es, al mismo tiempo, libertad de elección colectiva y limitación
voluntaria de esa libertad; ley de la mayoría y
protección de las minorías. La libertad colecti-

<hr>

9. Dan Usher, *op. cit.*

va necesita apoyarse en las libertades individuales para poderse expresar, y viceversa. La una y las otras están en relación dialéctica, lo que confirma que la democracia es una forma en movimiento. «Toda la historia prueba que la democracia lograda es siempre únicamente un momento del movimiento democrático. Un movimiento que no se detiene jamás porque, para quienes lo suscitan, la democracia es el Bien. Así, no es sólo una fórmula de organización política o una modalidad de regulación de las relaciones sociales, sino que es un valor. Y este valor —la inalienable vocación de los hombres a hacerse cargo de su destino, tanto individual como colectivo— constituye la profunda unidad de lo que, para la claridad del análisis, llamamos las diferentes concepciones de la democracia.»[10]

Este equilibrio necesario entre soberanía y libertad es lo que limita el espacio público de las opciones. La imposibilidad de una transmisión exclusiva por la democracia aparece de manera

10. Georges Burdeau, «Démocratie», *Encyclopedia Universalis.*

más inmediata cuando se considera una economía productiva, mientras que hasta aquí nos hemos movido en el marco de una economía de renta. En adelante, cada agente es propietario de su propia asignación y, por tanto, tiene la potestad de «destruirla» si se considera expropiado. Auman y Kurtz[11] mostraron que en una economía así, los índices de imposición deberían estar muy por debajo del cien por cien. Este resultado es intuitivamente evidente, ya que los agentes tienen el derecho de abstenerse de trabajar si se consideran expropiados de los frutos de su propio trabajo.

De ahí que tenga que haber otros sistemas de transmisión —«de equidad», en el sentido de Dan Usher—, independientes del juego político: por ejemplo, el sistema del mérito, el del mercado, el de la economía social, etc. Un sistema de equidad debe cumplir dos condiciones: debe ser factible (esto es, praticable) y aceptable. La factibilidad es una cuestión de grado: si

11. Robert J. Auman y Mordecai Kurtz, «Power and taxes», *Econometrica,* julio de 1977, págs. 1.137-1.161.

la renta nacional se reparte al cien por cien sin la intervención de lo político, ya no hay lugar para lo político ni, en consecuencia, para la democracia. Si, por el contrario, el 80 % de sus rentas dependiesen del resultado de una elección, los individuos formarían coaliciones, facciones, etc., que harían imposible la vida democrática. Un sistema equitativo resulta, pues, factible si una parte importante de la renta de cada uno se determina por mecanismos no políticos. Un sistema equitativo es aceptable si no se dan circunstancias en las que una mayoría relativa de ciudadanos percibe que podrían ganar a largo plazo si cambiasen de sistema, dado que en el presente son víctimas de una exclusión relativa.

Las consideraciones precedentes muestran que existe una gran complementariedad entre democracia y mercado, en el sentido de que el sistema político y el sistema económico se reafirman mutuamente, de que uno no puede en realidad subsistir más que gracias a la existencia del otro. Pero notemos ya, aunque más tarde volveremos sobre este particular, que esta complementariedad mantiene indeterminada la forma precisa de su interacción. En general, las sociedades nacionales no se caracterizan, de hecho, por los mismos sistemas equitativos, lo que garantiza en el tiempo y en el espacio una gran diversidad de formas de la «democracia de mercado».

En cada sociedad hay una pluralidad de sistemas equitativos cuya estabilidad en el tiempo demuestra que los electores no desean cuestionarlos. Pero esa estabilidad es relativa, ya que el trabajo lento y permanente de la democracia consiste siempre en corregirlos bajo cuerda, de modo que pueden aparecer en un momento dado (por efecto de acumulación de decisiones políticas) muy alejados del principio original que los definía. En las actuales democracias, las deducciones obligatorias nunca fueron tan elevadas: entre el 35 % y más del 50 % de la renta nacional. Eso significa que los gobiernos redistribuyen una parte importante de las rentas percibidas por los ciudadanos. Este aumento en potencia de la nueva redistribución no se hizo en un día. Significa que el sistema que dirige la transmisión de las rentas, los empleos y las riquezas ajusta a los principios iniciales toda una serie de decisiones políticas tomadas bajo la influencia de la democracia (sistema de protección social, estructura del régimen tributario, reglamentación del acceso a determinadas funciones o profesiones, etc.). En otras palabras, la democracia manipula los sistemas equitativos con el fin de aumentar su grado de aceptación. Por lo demás, resulta difícil imaginar una decisión política, ya concierna a los asuntos internos o a los internacionales, que no tenga efecto sobre las rentas cuanto menos de una clase de agentes.

LA DIVERSIDAD DE LAS FORMAS INSTITUCIONALES DE «LA DEMOCRACIA DE MERCADO»

La economía de mercado, como ya he subrayado, se muestra teóricamente como el sistema económico más eficaz para la producción de la riqueza, pues se supone que proporciona los mejores estímulos a los individuos y asegura de manera espontánea el total empleo de los recursos. En consecuencia, para algunos es un sistema equitativo cuyos efectos no debería tratar de corregir la democracia. Jacques Rueff, con ocasión de un estudio empírico sobre el desempleo inglés de la década de 1920, escribía en 1931, en un artículo que se hizo célebre en *La revue d'économie politique*, con el explícito título «L'as-

surance chômage, cause du chômage permanent»
[«El seguro contra el desempleo, causa del desempleo permanente»]: «El error conceptual es
aquí manifiesto. La crisis no procede del sistema
capitalista, puesto que sólo apareció en el instante
y en los ámbitos en los que se impidió que actuase
el mecanismo característico del sistema cuya inefi-
cacia se pretende demostrar (la flexibilidad de los
precios y de los salarios). Lo que muestra el desempleo inglés no es la debilidad del mecanismo
de los precios, sino más bien la circunstancia de
que ningún equilibrio económico podría subsistir
cuando se paraliza su funcionamiento». Pero Jacques Rueff pide, por así decir, lo imposible. El régimen político no puede atarse las manos y des-
vincularse de la presión de los electores, al menos
en una democracia. A fin de cuentas, al reducir el
grado de aceptación del sistema, se correría el
riesgo de verlo globalmente cuestionado.

Más recientemente, Robert Lucas, el padre
fundador de la «nueva escuela clásica», afirma-
ba en esencia que nada impedía a los que se ca-
lifica de parados instalar unos puestos de man-
zanas en las esquinas la de calle y convertirse de

golpe, como por arte de magia, en empleados. Los que tuvieron la oportunidad de ir a Rusia en la primera mitad de la década de 1990 pueden comprender fácilmente lo que quiere decir el autor. Presionados por la necesidad, la mayoría de los «vendedores» no encontraron otra cosa que ofrecer más que sus propios bienes, que procedían de sus jardines o de sus casas. ¿Es normal que en parecidas circunstancias los economistas no consideren más que los indicadores estrictamente económicos de la situación social? Poco importa que se anule la inflación, que se eliminen los déficit, que vuelva el crecimiento si, como hizo notar Amartya Sen, la esperanza de vida experimenta una caída brutal y muy extendida, que fue lo que sucedió en Rusia. Las situaciones extremas, en economía, son siempre ricas de enseñanza.

Robert Lucas se refería de manera alegórica a la existencia de un tipo de solución al problema del desempleo, que se aplica en concreto en la mayoría de los países en vías de desarrollo, sobre todo en América Latina. Pero es comprensible que se preste a la polémica. Por un lado, es un eufemismo decir que no ha resuelto el problema del desarrollo en los lugares donde se aplicó. Y, por otro lado, ¿no hay soluciones más dignas al problema del empleo sumergido, de las que una sociedad tendría motivos para estar orgullosa antes que avergonzada? Nos damos cuenta, sin embargo, de algo esencial acerca de la solución propuesta, y es que dicha solución puede conducir al resultado apetecido si y sólo si la sociedad tolera las desigualdades más acusadas y las mayores incertidumbres. Percibimos bien, entonces, que hay una multiplicidad de soluciones y que, en la práctica, cada país aplica la que se adapta mejor a su cultura. Es decir, que la «democracia de mercado» no designa un sistema único, sino más bien un régimen cuyo sistema económico obedece a una determinación política. La variedad de las elecciones sociales en cada país garantiza, pues, la pluralidad de las formas que adopta la democracia de mercado.

La cuestión de la eficacia espontánea de la economía de mercado es, hoy igual que ayer, polémica. Y muchos economistas, incluso entre los creadores de la teoría pura de la economía de mercado, no están dispuestos a efectuar semejante conclusión, como ya tuve ocasión de subrayar más arriba. Más aún, la política social no es, en nuestros sistemas públicos, un simple apéndice de la política económica: es consustancial a la democracia. En otras palabras, el sistema equitativo que proporciona el mercado sólo puede ser parcial, y debe ser manejable por la democracia, puesto que es su grado de aceptación y, en consecuencia, la propia supervivencia del régimen político y del sistema económico, lo que se cuestiona.

Debe constatarse, además, que el trabajo de la democracia sobre el sistema de equidad proporcionado por el mercado no confirma en absoluto la hipótesis según la cual las intervenciones mínimas favorecen siempre y en todas partes la eficacia económica. Lo que sorprende más bien en la observación del mundo desarrollado es que cada país parece caracterizarse por una estructura institucional diferente —una combinación de ámbitos privados y públicos que le es propia— y que, a pesar de ello, todos son (casi) igualmente ricos. Hay períodos en los que algunos países avanzan más rápidamente que otros, pero ninguno lo hace en todos los períodos, de lo contrario se hubiera abierto entre ellos un abismo. Sin embargo, las «rigideces estructurales» que está de moda denunciar en algunos países, sobre todo en los europeos, tendrían que haber conducido a un total empobrecimiento. No fue ése el caso. Eso muestra que pueden aplicarse diferentes soluciones a un mismo problema económico, algunas menos igualitarias que otras. Ahora bien, la persistencia de diferencias en los resultados económicos entre los países —y en el seno mismo del mundo desarrollado a lo largo de la década de 1990— produjo cierto desasosiego intelectual que, con frecuencia, llevó a erigir como modelo a tal o cual «experiencia» nacional. Así es como, entre otras cosas, los habitantes del planeta habrían ganado si hubieran sido, sucesivamente, franceses en la década de 1960, suecos o japoneses en la de 1970, alemanes en la de 1980 y anglosajones u holandeses en la de 1990. (En los años 2000 la nacionalidad es aún indeterminada.) Esto equivale a decir que el podio de los éxitos presenta una disposición variable, y que los países que brillan en una década pueden encontrarse confinados entre los fracasos de la década siguiente. Y es que cada experiencia resulta singular: se inscribe en una tradición, una cultura, un sistema antropológico específicos. Es como un precipitado resultante de la combinación de elementos químicamente impuros, cuyo número, cualidad y ponderación los determina la historia del país. Importar uno de estos elementos para mezclarlo con otros que proceden de una historia diferente nunca podrá producir la misma reacción. El trabajo permanente de la democracia es lo que ha llevado en estos dominios a unas elecciones nacionales específicas. Prohibir la diversidad de estas elecciones equivaldría a restringir el espacio de la democracia, sin ganancias visibles en términos de resultados económicos.

La sucesión cronológica de los modelos nacionales muestra que las sociedades tienen una libertad mucho mayor de lo que se cree y de lo que se dice a la hora de escoger el grado de solidaridad que mejor se corresponde con su cultura, definiendo un sistema equitativo en el que el mercado sólo desempeña un papel limitado. Dos estudios recientes[1] han mostrado que la diversidad de las formas institucionales en los países de la OCDE no parecía tener efectos notables sobre las variables habitualmente utilizadas para medir la eficacia. «Estos resultados concuerdan más con la opinión según la cual el capitalismo es lo bastante fuerte como para dejar que persistan diferencias entre instituciones del mercado de trabajo que con la de que todas las economías deberían converger hacia una sola estructura institucional.»[2] La observación no impone de golpe un modelo único. La situación de los países respecto del paro, en particular, es de una gran diversidad. Esa diversidad es multidimensional, ya que concierne al mismo tiempo a la tasa y a la

---

1. Jean-Paul Fitoussi y Olivier Passet, «Réduction du chômage: les réussites en Europe», *Conseil d'analyse économique,* n° 23, La Documentation française, 2000, y Richard B. Freeman, «Single peaked *vs.* diversified capitalism: the relation between economic institutions and outcomes», *NBER Working Paper,* n° 7.556, 2000.

2. Freeman, *op. cit.*

historia del paro, a su estructura, a los sistemas de protección social, a los modos de funcionamiento del mercado del trabajo y al peso del Estado en la economía.

Con Olivier Passet (2000), he tratado de poner de relieve la influencia de las estructuras y de las instituciones sobre los resultados en materia de empleo y de paro en los países de la OCDE durante las dos últimas décadas. Como muestra el cuadro siguiente, los países que consiguieron hacer bajar la tendencia al paro («modelos dinámicos») y los que consiguieron mantenerla a un nivel relativamente débil («modelos de resistencia») se caracterizan por tener estructuras institucionales muy diferentes.

Por tanto, la alquimia que conduce al éxito es compleja, y de ella sólo conocemos un número muy pequeño de elementos. Puede que sea su unión con otros, inobservables, lo que produzca el resultado constatado, y no esos elementos por sí mismos. En consecuencia, sería peligroso extraer apresuradamente de ello conclusiones acerca de las instituciones óptimas que habría que establecer en los países que se

CARACTERÍSTICAS INSTITUCIONALES Y ESTRUCTURALES DE LOS MODELOS DE «ÉXITO» DE LA DÉCADA DE 1990

	Protección del empleo	Proporción de empleo público	Tasa de sindicalización	Carga de los gastos activos	Tasa de cobertura de los convenios colectivos	Grado de descentralización de negociación	Grado de coordinación negociación	Flexibilidad del salario real	Dispersión de los salarios	Mínimos sociales	Tasa de sustitución
Modelos dinámicos											
Dinamarca	Más bien débil	Fuerte	Fuerte	Fuerte	Mediana	Débil	Fuerte	Débil	Débil	Más bien fuertes	Fuerte-larga
Estados Unidos	Débil	Mediana	Débil	Débil	Débil	Fuerte	Débil	Más bien débil	Fuerte	Débil	Débil-corta
Irlanda	Débil	Mediana	Más bien fuerte	Fuerte	Fuerte	Débil	Más bien fuerte	Débil	Fuerte	Medianos	Más bien débil-corta
Países Bajos	Mediana	Débil	Débil	Fuerte	Más bien fuerte	Débil	Mediano	Mediana	Mediana	Más bien fuertes	Fuerte-larga
Portugal	Fuerte	Mediana	Mediana	Mediana	Mediana	Débil	Mediano	Fuerte	Fuerte	Medianos	Mediana
Reino Unido	Débil	Débil	Mediana	Débil	Débil	Fuerte	Débil	Débil	Fuerte	Débiles	Débil-larga
Modelos de resistencia											
Austria	Mediana	Fuerte	Más bien fuerte	Débil	Fuerte	Débil	Fuerte	Más bien fuerte	Débil	Fuertes	Más bien débil
Noruega	Fuerte	Fuerte	Fuerte	Más bien fuerte	Mediana	Débil	Fuerte	Fuerte	Débil	Fuertes	Mediana
Japón	Más bien fuerte	Débil	Débil	Débil	Débil	Fuerte	Fuerte	Fuerte	Débil	Débiles	Débil-corta
Suiza	Débil	Débil	Débil	Débil	Mediana	Débil	Más bien fuerte	Más bien fuerte	Mediana	Más bien fuertes	Más bien débil

caracterizan por mediocres resultados económicos.

Si se intenta elaborar una síntesis del resultado de los estudios empíricos llevados a cabo sobre el tema, parece que, por un lado, las instituciones no tienen el papel esencial que habitualmente se les asigna en la literatura, pero que, por el otro, su coherencia desempeña un papel importante. La arquitectura institucional de un país —e incluimos en esta arquitectura el modo de regulación macroeconómica— procede de un intercambio social al final del cual se efectúan arbitrajes y se hallan compromisos. Eso es lo que importa, porque con demasiada frecuencia razonamos como si las instituciones fuesen exógenas al comportamiento de los agentes y pudiesen modificarse *ad nutum*. Ahora bien, puede que las instituciones no hagan más que formalizar prácticas previas o nuevas demandas sociales, más que crear *ex nihilo* un marco jurídico «óptimo». Lo que importa, desde ese momento, es más la configuración de las variables institucionales, *su coherencia*, que la conformidad de todas ellas con las premisas teóricas. Esto explica que los test empíricos no lleguen a resultados muy concluyentes.[3]

Así, la manipulación de las instituciones que hoy se consideran erróneamente variables instrumentales debe tomarse con escepticismo. Su reforma conduce a efectos empíricamente mal identificados y ambiguos desde el momento en que no se realiza con voluntad de coherencia y de adecuación a la demanda social existente. Esa constatación incita también a no descuidar la política macroeconómica en tanto que instrumento de crecimiento, arruinando la falsa separación entre políticas estructurales y macroeconómicas. Estas últimas no pueden ser relegadas al rango de meros instrumentos de uso inmediato desde el momento en que influyen a largo plazo en el ritmo de la acumulación del capital y de la innovación, y permiten evitar, sobre todo en los países en vías de desarrollo, que las recensiones tengan consecuencias irreversibles sobre los sectores más débiles de la población.

3. Véase sobre este punto el estado del debate presentado en *Finance and Development,* junio de 2003.

La lectura de la última entrega del *World Economic Outlook*, del Fondo Monetario Internacional,[4] podría dar la impresión de que se había generado un consenso sobre el tema. En efecto, allí se lee, entre otras cosas, lo siguiente: «Conocemos mal las formas institucionales que podrían funcionar mejor en un contexto dado. Por ejemplo, los altos niveles de renta y de riqueza se han alcanzado en las economías avanzadas que se corresponden con una diversidad de estructuras institucionales —incluyendo diferentes elementos legales y reglamentarios, y diversos grados de implicación del Estado en la economía—. Del mismo modo, economías en rápido desarrollo, como las de China, de Botswana y de la isla Mauricio, han logrado alcanzar esos mismos resultados en un marco de acuerdos institucionales sustancialmente diferentes». Ello no impide que el mensaje principal del informe del FMI siga estando conforme en esencia con el de la doctrina dominante: las instituciones más favorables al desarrollo son las que

4. Abril de 2003, cap. 3.

permiten un funcionamiento libre de los mercados, las que protegen los derechos de propiedad *y* reprimen la acción del poder ejecutivo. Y, si bien el informe toma muchas precauciones de lenguaje, no llega a demostrar «empíricamente» que las políticas económicas —sobre todo las monetarias y las fiscales— tengan un efecto significativo sobre el crecimiento cuando se considera la influencia de las instituciones.

GLOBALIZACIÓN Y DEMOCRACIA

La historia de los últimos treinta años se podría contar a cámara rápida con la ayuda de una alegoría. Una sala reuniría una muestra de la población del mundo desarrollado y en vías de desarrollo en vísperas de la globalización: allí se perciben diferencias de riqueza, de renta, de clases sociales. Pero, sean cuales sean las dificultades de la vida diaria, todos están integrados socialmente, todos tienen un empleo y prevén un aumento de sus rentas a lo largo de sus vidas. Todos presumen también que sus hijos tendrán un futuro mejor que el suyo. Llega una noche en la que se produce la globalización. Al día siguiente se encuentran los mismos —exactamente los mismos— en la misma sala. Algunos, un número reducido, se han enriquecido de manera considerable. Otros, un número más elevado, han conseguido una mayor seguridad, hablan doctamente y están mejor alimentados porque propagan el dogma que los primeros les han dicho que enseñen: «No hay alternativa». Un sector nada despreciable de las clases medias ha perdido mucho y teme por su futuro y el de sus hijos.[1] Una minoría muy amplia está en paro o reducida a la pobreza. Los ganadores les dicen entonces a los perdedores: «Lamentamos sinceramente el destino que habéis tenido, pero las leyes de la globalización son despiadadas, y es preciso que os adaptéis a ellas reduciendo las protecciones que aún tenéis. Si os queréis enriquecer, debéis aceptar una mayor precariedad. Ése es el contrato social del futuro, el que os hará encontrar el camino del dinamismo».

1. Es un sentimiento particularmente agudo en América Latina, sobre todo en Argentina, pero también en Europa, por ejemplo, en Francia (véase Fitoussi, «Déclin ou régression sociale», *Le Monde,* 17 de septiembre de 2003).

Este mensaje es, desde luego, inaudito, al menos en una democracia, pero esta alegoría hace que la globalización se muestre como lo que en parte es: una coartada, un discurso retórico. Los ganadores, que son conscientes de que los dados del destino han caído en favor suyo, ya no quieren participar en el sistema de protección social ni en general en la financiación de los gastos públicos.

Con esta alegoría no quiero decir que el pasado representase la Edad de Oro. La nostalgia no es una forma de análisis. En las décadas de 1950, 1960 y 1970,[2] la población mundial era mucho más pobre que hoy, y las condiciones de vida, incluidas las de los países desarrollados, mucho más difíciles. Lo que quisiera subrayar es un elemento mucho más cualitativo: en aquel pasado, la gente tenía un futuro. El político desempeñaba su misión de mostrar el camino, de diseñar el futuro. Hoy, el sentimiento de incertidumbre y de inseguridad prevalece. La autonomía de lo económico y las coerciones que su-

2. Los «Treinta Gloriosos», como se los llama en Europa.

puestamente impone a la decisión política reducen el campo de la «seguridad colectiva» que representa la democracia.

El doble triunfo del individualismo y del mercado obligaría de ese modo a reducir las pretensiones redistributivas de las sociedades (la resistencia del contribuyente) y las pretensiones intervencionistas de los gobiernos. La búsqueda de la estabilidad de los precios y la del equilibrio presupuestario (con disminución de gastos públicos) son las únicas políticas aptas para dar tranquilidad a los «mercados». Éstos son los componentes del liberalismo ordinario. No tengo nada contra el liberalismo, si es objeto de una elección explícita y políticamente asumida. Pero, en general, esta elección se presenta como una coerción que se impone de manera implacable al conjunto de los gobiernos del planeta. «No hay alternativa.» Del mismo modo que siempre hay una coerción, así también siempre habrá una alternativa. Ahora bien, los dos estudios citados en el apartado anterior (Fitoussi-Passet, 2000; Freeman, 2000) muestran precisamente que dicha transformación no tiene nada de ineluctable y que el capitalismo se acomoda muy bien con gran diversidad de instituciones y de políticas. Entre los países cuyas deducciones obligatorias son más elevadas, algunos han logrado contener el paro muy bien y otros no. Por tanto, la resistencia de los contribuyentes tiene buenas espaldas.

Pero estos discursos llaman la atención sobre un punto esencial en relación con el problema que me ocupa aquí. La tutela de los mercados, el endurecimiento de la coerción que se impone a los gobiernos nacionales, la reducción de sus pretensiones redistributivas, son otros tantos elementos que vienen a modificar el sistema equitativo de nuestras sociedades, por un retorno a los principios teóricos y por una desaparición progresiva del terreno democrático. La globalización no sólo incrementa en el sistema equitativo la parte correspondiente al mercado y reduce la de la democracia, sino que lo hace en nombre de la eficacia del mercado, de un orden superior al de la democracia. Eso es lo que se ha dado en llamar impotencia de la política. El cambio del sistema equitativo no procede, en efecto, de una decisión política —en cuyo caso correspondería al deseo de los pueblos—, sino de la coerción exógena que se impone a la democracia. La legitimación de esa coerción sería la eficacia —muy discutible, como ya he mostrado—, pero entonces eso conduciría a invertir la jerarquía normal de los valores: primero, la eficacia; y después, a título testimonial, la democracia.

Ese sentimiento de tener que ratificar una elección que no han querido, que no les conviene, es lo que ha provocado tanta acritud contra la globalización. Esta acritud tendría razones de ser, incluso aunque la elección impuesta fuese la más juiciosa. La legitimación del incremento de las desigualdades entre los países y en el seno de cada país por la globalización —¿principio transcendental?— debilita la democracia y hace un flaco favor a la propia globalización. Ésta, en sí misma, no es nociva, puesto que puede generar notables beneficios, pero al producirse en un desequilibrio de relaciones de fuerza entre los distintos actores, origina y agudiza el malestar social. La ideología se empeña en que continuemos percibiendo los mercados como lugares ficticios de coordinación, mientras que son lugares de relaciones de fuerza, cuando no están atemperados por los Estados. Parece que nos hemos olvidado de que ya en la Edad Media se hacía la distinción entre el «principio del mercado» y el «mercado concreto», cuyo funcionamiento exigía la intervención de los poderes públicos.

Ahora bien, lo que nuestro período, como antaño la Belle Époque, ofrece como espectáculo es el baile de los perdedores y de los ganadores, donde a veces la ganancia es tan grande que se vuelve casi imaginaria, más del orden del concepto que de la realidad. ¿Cómo entender que la fortuna de un puñado de personas sobrepasa la renta de países poblados con cientos de millones de habitantes? No existe una posible representación concreta del infinito. Sin embargo, lo que aún parece más evidente es que las ganancias y las pérdidas en el seno mismo de las naciones no se distribuyen de modo aleatorio, sino que hay ganadores y perdedores sistemáticos y estructurales. ¿Cómo podría la democracia emprender una acción que tuviese semejante resultado, sin pensar de antemano en los medios para remediarlo? ¿Es éste un problema de soberanía o de imprevisión?

Las dificultades inherentes al actual movimiento de globalización proceden de la concepción según la cual la extensión de la esfera del mercado implicaría la retirada del Estado. Ésa es la tesis sobre la posibilidad de sustitución entre el mercado y la democracia que hasta el presente ha presidido la apertura de las economías.

Ahora bien, esta tesis se inscribe como una ruptura frente a las transformaciones efectivas que el mundo experimentó entre la crisis de la década de 1930 y el comienzo de la de 1980. A lo largo de este período, la apertura de las economías vino acompañada por un fuerte crecimiento del peso del Estado en la economía, por un desarrollo considerable de los sistemas de protección social y por una decidida práctica de políticas de estabilización. Hasta finales de la década de 1970, tanto en la categoría de la teoría aplicada como en la de la investigación empírica, el keynesianismo reinaba sin oposición. Pero se trataba de un reinado ambiguo, no el de una verdadera teoría, sino el de una práctica política. Después de una devastadora Segunda Guerra Mundial, hubiese existido Keynes o no, mal se concebiría que los gobiernos, bajo pretexto de liberalismo económico, se hubiesen desinteresado de la suerte de su población: estaban condenados, por así decir, al intervencionismo. Lo mismo podría decirse acerca de las medidas y de las políticas seguidas en Estados Unidos después de la crisis de 1929, que fue lo que dio origen al *Welfare State*. En este período es cuando nació el concepto de economía mixta de mercado.[3] Pero si se admite la tesis de la complementariedad entre mercado y democracia, ese desarrollo conjunto del mercado y del Estado que caracterizó la internacionalización de la posguerra es de los más lógicos. La apertura, aunque comporta numerosas ventajas, aumenta de hecho el grado de inseguridad económica y

3. Jean-Paul Fitoussi, *Le débat interdit*, Le Seuil, 2000 (trad. cast.: *El debate prohibido*, Barcelona, Paidós, 1996).

exige, para compensarla, una mayor implicación de los Estados.

Una segunda confirmación empírica de la tesis de la complementariedad es que existe una relación significativa entre el grado de apertura de una economía y el tamaño de su gobierno. Según Dani Rodrik,[4] esto se debe a que los gastos públicos proporcionan una seguridad social contra los riesgos exteriores. Pero también cabe añadir que existe un círculo virtuoso entre apertura internacional, esto es, globalización, y seguridad económica: la apertura aumenta la demanda de seguridad, y la satisfacción de esta demanda constituye un estímulo a la apertura. *A contrario* se entiende mejor que uno de los resortes del movimiento antiglobalización sea el incremento de la inseguridad económica.

Ahora bien, cuando uno observa las transformaciones que se han producido especialmente en los países de América Latina, aparece un hecho dominante: la apertura de sus economías

---

4. Dani Rodrik, «Why is there so much insecurity in Latin America?», *CEPAL Review,* n° 73, abril de 2001.

coincidió con una reducción del peso del Estado (privatizaciones, desajustes) y del sistema de la seguridad social.[5] Así, al mismo tiempo que aumentaba el grado de exposición de esas economías a los conflictos exteriores, disminuía el nivel de seguridad colectiva proporcionado por la democracia. Sin duda, la razón de semejante transformación es doctrinal, como he mostrado en los apartados precedentes. La tesis de la exclusión del mercado por la democracia a costa de la eficacia económica hace que no haya más solución en materia de reformas estructurales que la de hacer que la balanza se incline de nuevo a favor del mercado. Un segundo aspecto de esta tesis es que también hay que forzar la acción de los poderes públicos en materia de políticas de estabilización. Después de la Segunda Guerra Mundial, las políticas económicas se formularon esencialmente en términos de objetivos últimos (pleno empleo, incremento de los niveles de vida), mientras que desde la década

5. Dani Rodrik, «Why do more open economies have bigger governments?», *Journal of Political Economy,* vol. 106, nº 5, octubre de 1998.

de 1980 se formulan esencialmente en términos de objetivos intermedios (paridad monetaria, equilibrio presupuestario, privatización, flexibilidad de los mercados). De ello se deduce una consecuencia complementaria para la mayoría de los países en vías de desarrollo: la dificultad, cuando no la imposibilidad, de utilizar la política macroeconómica a efectos de estabilización. El tipo de interés se administra básicamente con arreglo al tipo de cambio (la tutela de los mercados de capitales obliga), y la política presupuestaria es tanto más restrictiva cuanto más bajo sea el nivel de actividad (el equilibrio presupuestario obliga). En otras palabras, las políticas económicas son la mayoría de las veces procíclicas, lo cual agrava la inestabilidad económica y el sentimiento de inseguridad de las poblaciones.

El peligro de semejante situación viene de la coincidencia entre la introducción de la democracia y la de la «nueva» doctrina económica (el «consenso de Washington»). La inestabilidad no es una consecuencia de la primera, sino todo lo contrario, de haber impedido que la democracia «hiciese su trabajo» al coaccionarla en exceso el poder político. Y, desde luego, este exceso de coerción es más el resultado de la doctrina que el de la globalización.

Pero si aceptamos los argumentos expuestos más arriba, el incremento de la inseguridad económica trae consigo el riesgo de reducir la adhesión de las poblaciones a la democracia y, por tanto, de volver a cuestionar el régimen político y el sistema económico.

Para evitar dicha transformación, habría que poner en práctica uno de los principios que preside la complementariedad entre el mercado y la democracia, y que propongo llamar «Principio de compensación»: los gobiernos deberían introducir reglas o instituciones que aseguren que las ganancias de unos sean parcialmente utilizadas para compensar las pérdidas de otros, cuando las primeras, lo mismo que las segundas, son consecuencias de una decisión tomada en nombre de la colectividad. La globalización de los intercambios aparece entonces como una sabia decisión, plenamente compatible con el orden democrático. La primera da origen a un excedente que el segundo distribuye de forma que nadie sufra una pérdida neta. El principio tiene una aplicación más compleja de lo que parece, puesto que lo que hay que tener en cuenta son las ganancias y las pérdidas actualizadas, algunas de las cuales son pasajeras y pueden ser sobradamente compensadas en el tiempo. Cabe pensar que se trate de un principio como los que se pusieron en práctica al final de la Segunda Guerra Mundial en todos los lugares del mundo industrializado: la internacionalización de las economías vino acompañada, en efecto, por el incremento de los seguros sociales y por el uso deliberado de las políticas de estabilización.

Pero ¿en qué ha quedado hoy todo eso? La apertura de las economías favorece por definición a los factores más ágiles, no sólo al capital financiero, sino también a cierto tipo de conocimiento: cuando se abren las puertas, esto sirve primero a los intereses de quienes son capaces de salir. Surge un excedente que no perjudica a la colectividad, pues la creación de una nueva facultad, aunque sólo mejore el destino de unos pocos, no se hace necesariamente a expensas de los demás. Hay pocas transformaciones estructurales que no tengan efectos disimétricos sobre el destino de las personas, pero eso no es una razón suficiente para oponerse a ellas. El problema sólo se genera cuando las clases favorecidas por las modificaciones toman como pretexto esas mismas ventajas para obtener otras nuevas. La población de los «sedentarios» se vería así obligada a pagar su parte a los «nómadas» ganadores. El principio de compensación se aplica entonces a la contra, no a causa de la globalización en sí misma, sino del debilitamiento de la democracia.

El caso es que, por definición, el incremento de la movilidad de ciertos factores —sobre todo, el capital financiero y, de manera incidental, el capital humano— hace que el peso de la inseguridad económica se traslade a los factores menos ágiles —al frente de los cuales se encuentra el trabajo—. Así, el coste de la adaptación a los conflictos tanto externos como internos pesa de un modo desproporcionado sobre los sectores más vulnerables de la población y sobre las clases medias. Como, por añadidura, los factores con mayor movilidad —los «ganadores» del sistema— sólo pueden ser gravados con impuestos de un modo parcial, precisamente porque son móviles, parece imposible poner en práctica el principio de compensación incluso en los países desarrollados. Como escribe Hans Werner Sinn,[6] «todo país que intentase mantener un Estado providencia iría a la quiebra porque se enfrentaría a una emigración de los más afortunados, que son los que se supone que pagan los impuestos, y a una inmigración de los desafortunados, que son los supuestos beneficiarios del sistema».

Para los países en vías de desarrollo la ecuación sería todavía más compleja: al haber precedido la apertura al desarrollo de un verdadero sistema de protección social, la única estrategia que tendrían no es otra que la de reducir el peso de los gastos públicos, ya que los ganadores del sistema tienen la facultad de reducir su participación en las cargas del Estado.

---

6. Hans Werner Sinn, «The selection principle and market failure in systems competition», *Journal of Public Economies,* 1997.

Semejantes transformaciones no tienen, sin embargo, nada de ineluctable, como nos muestra el desarrollo de la economía mundial desde la Segunda Guerra Mundial. La competitividad global de los países no parece ligada al peso del Estado ni al del sistema de protección social. En consecuencia, la rentabilidad de los capitales no es más alta allí donde el Estado es mínimo. Si las transformaciones más recientes pueden dar la impresión de lo contrario, es porque se ha privilegiado el corto plazo en relación al largo plazo, creando un conflicto entre el horizonte corto de quienes detentan capitales y el horizonte forzosamente largo de las sociedades. El resultado ha sido una generalización de las pérdidas, tanto para las sociedades como para los que detentan capitales. Cuando las exigencias de rendimiento del capital se vuelven desorbitadas, el resultado más probable es un agravamiento del malestar social *y* una pérdida de capitales. Las sucesivas crisis financieras que experimentaron los países de América Latina, igual que el hundimiento de las Bolsas occidentales, lo demuestran suficientemente. Uno podría tener la impresión de que aquí está operando el modelo presa-depredador. Si el depredador incrementa indebidamente su deducción sobre la población de las presas, acaba por ponerse él mismo en peligro. En consecuencia, no es imposible imaginar que en el futuro todos comprendan que tendrían más que ganar entrando en un juego más cooperativo. Pero también parece evidente que las organizaciones internacionales deberían adoptar una actitud menos doctrinal y más pragmática.

A MODO DE CONCLUSIÓN

Considerada principio transcendental de organización de las sociedades, la globalización no casa bien con la democracia. Modifica el sistema equitativo que impera en los diferentes países sin que esa modificación haya sido objeto de una elección explícita claramente debatida. Restringe el espacio de las decisiones colectivas, de los seguros sociales, de la redistribución y de los servicios públicos en el momento mismo en que éstos se hacen más necesarios. Sin embargo, no hay nada en las transformaciones observadas desde la Segunda Guerra Mundial que confirme la creencia según la cual la búsqueda de la cohesión social habría de ser un obstáculo para la eficacia económica. Al contrario, en todas partes, aunque bajo formas diferentes, la democracia ha sabido imponer instituciones solidarias. Y las sociedades más solidarias no son, ni de lejos, las menos competitivas. La apertura de los países a los intercambios internacionales ha venido acompañada de un aumento en la capacidad de los sistemas de protección social. No es, pues, esta apertura lo que se trata de cuestionar, sino un discurso retórico de legitimación de un capitalismo dominante que considera la democracia y la política como obstáculos al desarrollo, en flagrante contradicción con los hechos. El verdadero problema es que esta ideología —más del mercado que de la globalización— ha penetrado en todos los espíritus. Los que no la defienden se resignan a esa circunstancia e intentan salvar lo que se pueda. Sin embargo, habría que inventar un nuevo futuro, debatir abiertamente sobre él en público y devolver de ese modo a la democracia un vigor que nunca tendría que haber perdido.